Janosch

Der alte Mann und der Bär

AF197779

Janosch
Der alte Mann und der Bär

Eine Weihnachtsgeschichte

Mit einem Nachwort
von Sabine Rückert

Reclam

Der Verlag behält sich die Verwertung der urheberrechtlich
geschützten Inhalte dieses Werkes für Zwecke des Text-
und Data-Minings nach § 44b UrhG ausdrücklich vor.
Jegliche unbefugte Nutzung ist ausgeschlossen.

RECLAMS UNIVERSAL-BIBLIOTHEK Nr. 14396
2023 Philipp Reclam jun. Verlag GmbH,
Siemensstraße 32, 71254 Ditzingen
info@reclam.de

© Janosch film & medien AG, Berlin

Gestaltung: Cornelia Feyll, Friedrich Forssman
Umschlagillustration: Janosch
Druck und Bindung: Druckerei C.H.Beck,
Bergerstraße 3–5, 86720 Nördlingen
Printed in Germany 2025
RECLAM, UNIVERSAL-BIBLIOTHEK und
RECLAMS UNIVERSAL-BIBLIOTHEK sind eingetragene Marken
der Philipp Reclam jun. GmbH & Co. KG, Stuttgart
ISBN 978-3-15-014396-4
reclam.de

MIX
Papier | Fördert
gute Waldnutzung
FSC® C019821
FSC
www.fsc.org

Inhalt

7
Der alte Mann und der Bär

39
Nachwort

45
Über Janosch

Es war einmal ein
alter Mann, der...

… wohnte nicht weit weg von unserem Dorf.
Keine halbe Meile war's.

Den Sommer über sammelte er Pilze und Beeren im Wald, arbeitete für die Leute im Dorf auf dem Feld, und sie nannten ihn Gregor. Sie hielten ihn für einen Narren, denn das wenige, wenige Geld, das er für die Arbeit bekam, bewahrte er auf –

und ging, wenn der Winter am tiefsten war, in das Nachbardorf, es mag wohl um die Weihnachtszeit gewesen sein, denn da war immer um diese Zeit ein fremder Vogelhändler, ein Fallensteller, auf dem Markt und verkaufte Vögel an die Leute.

Es gab noch kein Radio, und die Leute hielten sich die Vögel in Käfigen und ließen sie singen.

»Den da«, sagte der alte Mann, »kaufe ich. Wie viel kostet er?«

»Sechs«, sagte der Vogelhändler, »ohne Käfig. Ein besonders guter Sänger und fast zahm.«

»Und den«, sagte der alte Mann – wenn sein Geld noch reichte. »Vier dreißig«, sagte der Vogelhändler. »Aber alle Preise sind ohne Käfig.«

»Käfig brauche ich nicht«, sagte der alte Mann und kaufte einige Vögel, soweit sein Geld reichte. Er ließ sie von dem Vogelmann aus den Käfigen nehmen, nahm sie in die Hand und ließ sie frei. Auch der Vogelhändler hielt ihn für einen Narren, aber das war dem egal, Hauptsache, er bekam sein Geld. Und war ein Vogel schwach, kaufte der alte Mann ihn an erster Stelle, holte einen kleinen Käfig unter seiner Jacke hervor, tat den Vogel hinein und nahm ihn mit nach Haus. Er fütterte ihn den Winter über, gab ihm zu trinken, und wenn der Vogel wieder gesund war, ließ er ihn frei.

Und dies tat der alte Mann Jahr um Jahr. Etwa um die Weihnachtszeit.

Die Zeit verging, und der alte Mann wurde noch älter und wohl auch ein wenig schwächer. Er konnte nicht mehr viel für die Leute arbeiten, hatte im Sommer auch kaum Beeren, Pilze und Holz zum Heizen im Wald gesammelt. Und als dann die Zeit kam, dass der Vogelhändler auf dem Markt war, reichte sein Geld kaum noch für einen ganzen Vogel.

Weil der Vogelmann ihn nun aber schon kannte, gab er dem Alten einen grauen, armseligen Vogel zum halben Preis. Hänfling.

»Nutzlose Sorte«, sagte der Vogelhändler, »singt nicht, nicht einmal im Sommer.«

Der alte Mann verbarg den kleinen Käfig mit dem Vogel
warm unter seiner Jacke und stapfte durch den Schnee
davon. Aber er ging nicht nach Haus, denn dort hatte er
kein Holz zum Heizen, kein Futter für den Vogel, und
das Wasser im Brunnen war gefroren. Und um allein zu
fliegen, war der kleine Vogel zu schwach.

»Wir gehen zum Bären«, sagte der Alte, denn er kannte eine Bärenhöhle im Wald, und in Bärenhöhlen ist es warm.

Und bald gingen ein Fuchs hinter ihm her, zwei Hasen und zwei Krähen.

Der alte Mann spürte bald keine Kälte mehr in den Bei-
nen. Auch in den Händen nicht, und es war ihm, als
könnte er fliegen, ganz leicht war alles.

»Wer ist der Mensch?«, rief der Bär, denn zwischen Bären und Menschen gibt es keine sehr große Freundschaft.

»Gregor«, sagte der Fuchs, »ich kenne ihn und bürge mit meinen Pfoten.«

»Und was will er?«, fragte der Bär.

»Etwas Futter für den Vogel«, sagte der alte Mann, und er spürte, dass er in der Luft schwebte und seine Stimme klang von weit her. »Und Wasser bitte«, sagte er, »sonst stirbt er.«

»Ist so in Ordnung«, brummte der Bär, der Vogel bekam Wasser und Futter und ward gesund.

Dem alten Mann bereiteten sie ein Lager, und dann war es ihm, als ob er schwebte. Hinauf zu den Sternen in ein großes, weißes Licht hinein. So wie von einem Engel getragen.

Es war in einem anderen Winter. Wohl kälter als je zu-
vor. Der Schnee hatte die Höhle des Bären fast zuge-
weht, und der Bär hatte keine Vorräte mehr. Die Bienen
hatten im Sommer davor nicht genügend Honig gesammelt, die Beeren waren noch nicht reif gewesen, als

der erste Schnee fiel, und das Laub reichte
nicht aus für ein warmes Lager.

»Ich werde ins Dorf gehen«, sagte der Bär, »vielleicht finde ich dort
etwas zu essen.«

Und er stapfte los.

Die Nacht war finster und der Schnee tief. Der Bär hatte lange nichts mehr gegessen und wurde immer schwächer. Bald konnte er die Beine nicht mehr aus dem tiefen Schnee ziehen und fiel um. Das Dorf war nicht mehr weit, aber der Bär war zu schwach.

Da kam ein kleiner Vogel, jener Hänfling war es vom Vogelmarkt, aus dem Käfig, aus der Höhle, setzte sich auf die Schulter des Bären und sagte ihm ins Ohr:

»Kannst du mich tragen, Bär? Ins Dorf, vielleicht gibt es dort etwas zu essen. Sonst müsste ich sterben.«

»Ja«, sagte der Bär und stand auf und trug den Vogel in das Dorf.

Dort war Licht in der Kirche, denn es war
wohl um die Weihnachtszeit, aber der
Küster ließ sie nicht hinein.

»Bären und Vögel«,
sagte er, »haben hier
nichts zu suchen.
Alte Frauen und
Kinder könnten
sich ängstigen.
Nein, nein.
Nein, nein.«

Da legte sich der Bär neben die Kirchentür, verbarg den
Vogel warm in seiner Pfote, und der Vogel sang ihm et-

was ins Ohr. Als die Leute aus der Kirche nach Hause gingen, riefen die Kinder:

»Da liegt ein Bär, Mutter. Wir müssen ihn füttern, vielleicht ist er ein verwunschener Königssohn.«

Zu Weihnachten denken sie alle an Märchen.

»Ach was, Königssohn«, sagten die Eltern. »Und zum Füttern ist morgen auch noch Zeit.«

Aber als sie am nächsten Tag kamen, waren der Bär und
der Vogel nicht mehr da. Ein Engel hatte sie geholt. Zu
den Sternen getragen.

Nachwort

Hinter dem Namen Janosch verbirgt sich seit vielen Jahren ein großer Autor. Seine gezeichneten und getexteten Beiträge, die von Tigerenten, selbstverliebten Kastenfröschen und Lebenskünstlern namens Rasputin handeln, sind liebenswert, skurril und ulkig, und auf den ersten Blick etwas für Kinder. Doch schaut man genauer hin, so zeigt sich der Künstler Janosch als großer Denker, als eine Art Wilhelm Busch im Guten, nicht weniger genial – aber ohne dessen unbarmherzigen Blick auf die Menschheit, ohne dessen lustige Grausamkeit und kauzigen Zynismus. Janosch ist freundlich, er meint es gut mit dieser Welt, was angesichts seiner eigenen bitteren Biographie, die von Misshandlungen im Kindesalter und schwerer Alkoholabhängigkeit geprägt ist, überrascht.

Wer Janosch liest, muss lächeln und manchmal laut lachen. In meinem Büro in der *ZEIT* hängen gleich drei seiner illustrierten Kurzkommentare zum Leben und zum Menschsein an sich. Zum Beispiel dieser: Ein rundlicher Herr in gelb-schwarz quergestreifter Latzhose sitzt am Tisch und isst. Die über der Szenerie schwebende Frage an das allwissende Orakel lautet: »Herr Janosch, was ist ein guter Weg abzunehmen?« Die Antwort beginnt – und das ist bei Janosch öfter so – erwartbar, um dann ins Absurde abzugleiten: »Ein gutes Rezept ist, nur die Hälfte zu essen. Wondrak (*gemeint ist der Dicke im Ringelanzug auf dem Bild*) kauft sich eine doppelte Portion Käse und isst nur die Hälfte. Und sehen Sie, wie schlank er ist!« Nicht weit von der ersten hängt eine weitere Janosch-Zeichnung an meiner Pinnwand: Wondrak im Ringelanzug liegt diesmal recht gemütlich auf einem grünen Sofa. Auf die Frage: »Herr Janosch, wie geht man neue große Dinge an?«, folgt die Antwort: »Dazu ist es erst einmal wichtig, sich richtig zu positionieren und die Welt aus einer anderen Perspektive zu betrachten. Also etwa im Liegen.«

Diogenes in seinem Fass hätte es nicht besser sagen können.

Heitere Weisheit oder besser: weise Heiterkeit umgibt den mittlerweile sehr alten Autor Janosch. Umso überraschender die vorliegende Geschichte vom alten Mann und dem Bären. Sie handelt von Kälte, Einsamkeit, Mitleidlosigkeit und Tod sowie davon, was der Mensch *vor* seinem Tod getan oder unterlassen hat. Dem *Spiegel* sagte Janosch einmal im Interview: »Entscheidend ist nur die Minute, in der man stirbt. Die größte Erkenntnis hat man im Augenblick des Todes. Dann weiß man, wie es wirklich war im Leben.« Der russische Schriftsteller Leo Tolstoi hat über diesen allerletzten Moment einen ganzen Roman geschrieben: *Der Tod des Iwan Iljitsch*. Er handelt von einem gutsituierten Richter im St. Petersburg des Zarenreichs, der es sich im Beamtentum bequem gemacht hat und plötzlich tödlich erkrankt. Die Leserinnen und Leser begleiten nun minutiös den etwa 50-jährigen Todgeweihten durch seinen Sterbeprozess, dessen Horror nur vom Grauen des Protagonisten übertroffen wird, als er im letzten Moment erkennt, dass er – der sich immer für eine Stütze der Gesellschaft gehalten hat – dieser Welt nichts, aber auch gar nichts Wesentliches, Gütiges, Selbstloses, Wertvolles oder irgendwie Nennenswertes hinzugefügt hat. Sondern dass er sein Lebtag nichts anderes gewesen ist als eine leere und nutzlose Hülle. Dass ihm aus diesem Grund jetzt niemand im Sterben beistehen will. Und ihn deshalb auch niemand vermissen wird.

Janosch entwirft in der kleinen Geschichte vom alten Mann und dem Bären förmlich das Gegenmodell zu Tolstois Schreckensszenario: Seine beiden Protagonisten sind keine Stützen der Gesellschaft, sie leben zurückgezogen und nicht sehr bequem. Doch sie leben für andere, noch dazu für ganz kleine und scheinbar unbedeutende Geschöpfe – und zuletzt opfern sie sich für ihre winzigen Schutzbefohlenen. Beide, Mann und Bär, bekommen nichts Greifbares als Lohn für ihren Einsatz, weder Geld noch Ruhm – nur eine große, weiße, lichte Verheißung. Wie es aussieht, einen Eingang ins Reich Gottes.

Ein bisschen erinnert vor allem das Ende an Hans Christian Andersens bekanntes Märchen vom *Mädchen mit den Schwefelhölzern* aus dem Jahr 1845 und an das traurige Weihnachtslied »Es läuft ein fremdes Kind …« des Dichters Friedrich Rückert, das eine noch christlichere Vertonung desselben Märchens ist. Beide kleinen Mädchen – das aus dem Märchen und das aus dem Lied – müssen erfrieren, weil ihnen in der eisigen Weihnachtsnacht niemand eine Tür öffnet. Erst im Tode werden sie emporgehoben in eine bessere, wärmere Welt, in der Licht und Freude herrschen.

Auch unser armer alter Bär, der einen Vogel retten will, muss im bitteren Winter erfrieren, weil ihm der Eintritt in die warme Kirche von einem hartherzigen Ordnungshüter verwehrt wird. Und das Gemeindepublikum ist auch nicht besser: Schnellen Schrittes und kalten Herzens strebt es an dem im Schnee liegenden Körper des Bären vorbei, dessen Seele ebenfalls ins strahlende Licht der Sterne entrückt worden ist.

Der über 90-jährige Janosch hat in Interviews immer wieder angekündigt, seine Autobiographie mit dem Titel *Das Tagebuch des frommen Ketzers* zu veröffentlichen, die mit den Worten »Gott ist schuld …« beginnen soll. Und obwohl er seinen Katholizismus als den »größten Unfall meines Lebens« bezeichnet hat, konnte er sich offenbar von der Vorstellung einer höheren gütigen Macht nie lösen. Der *Süddeutschen Zeitung* antwortete er jedenfalls auf die Frage, welcher Irrtum besser sei als die Wahrheit: »Der Gottesglaube.« Und er bestand darauf, dass Folgendes auf keinen Fall auf seinem Grabstein stehen dürfe: »Hier ruht in Gott der Schöpfer der Tigerente.«

Sabine Rückert

Über Janosch

Als Horst Eckert 1931 in Zaborze (Polen) geboren, zog es Janosch zunächst nach Paris und München, ehe es ihn in den 1980ern nach Spanien verschlug, um dort in der Hängematte liegend die Sonne zu genießen. Als einer der erfolgreichsten und bekanntesten deutschen Kinderbuchautoren wurde er mehrfach ausgezeichnet, u. a. mit dem französischen und dem deutschen Kinder- und Jugendbuchpreis. Viele seiner Bücher erschienen in mehreren Sprachen und wurden millionenfach verkauft. Seit 2021 mischt sich Janosch mit *Wondrak für alle Lebenslagen* und vielen weiteren Titeln unter die Klassiker von Reclams Universal-Bibliothek.

Weitere Janosch-Titel im Reclam Verlag

Janosch
Ich liebe eine Tigerente

Reclam

Ich liebe eine Tigerente
ISBN 978-3-15-014320-9

Reclam

zum Lesen, Vorlesen und Träumen:

Janosch
Wondrak für alle
Lebenslagen

Reclam

Wondrak für alle Lebenslagen
ISBN 978-3-15-014176-2

DER TIGERENTEN WALD

Neuer Regenwald in Panama
mit Tiger & Bär – und Reclam ist dabei!

www.tigerenten-wald.de